Numéro 28   Avril 1933

"*BIBLIOPHILIE*"

BULLETIN DES ÉDITIONS D'ART ÉDOUARD PELLETAN

Abonnement : 4 numéros   R. Helleu, Éditeur
    1 an : 10 francs   *125, Bd Saint-Germain, Paris-6ᵉ*

LA GALERIE
ÉDOUARD PELLETAN

Notre nᵒ 27 de décembre 1932 conviait les bibliophiles à l'inauguration de la Galerie Édouard Pelletan qui allait faire son entrée dans la vie parisienne, en offrant aux amoureux des lettres et de la poésie une exposition *Paul Verlaine*.

Très riche par son iconographie, ses manuscrits, ses autographes, ses éditions originales présentées dans leur ordre chronologique, ses éditions illustrées dont les plus belles datent des quinze dernières années, l'exposition connut le succès. Beaucoup d'écrivains s'y intéressèrent. La presse quotidienne et les périodiques lui consacrèrent des notices signées par les meilleures plumes du temps. De Belgique, de Hollande, de Suisse, les visiteurs furent nombreux et vivement intéressés. Des reporters anglais et américains s'y attardèrent, une revue australienne a dû en donner un compte rendu complet. Nous n'avons pas reçu tous les articles publiés, et les extraits que nous imprimons ci-dessous ne visent qu'à prolonger un écho qui sera agréable aux amis lointains des lettres et de notre vieille maison, aussi bien qu'aux amis proches qui n'ont pu la visiter à cette occasion.

M. Gustave Kahn, président des Amis de Verlaine, ouvrit

l'exposition le 5 décembre, à cinq heures, au milieu d'une assistance de choix. Avant qu'elle ne se séparât, M. Kahn, sur le ton du récit familier d'un témoin, raconta les premières aventures du symbolisme naissant, les réunions de jeunes hommes de lettres dans le salon de Nina de Callias (alias Nina de Villars) représentée à l'exposition par une cire d'Henri Cros, d'un charme suranné et d'une exquise distinction, et par un album de dessins du même artiste. L'une et l'autre appartiennent à M. André Joubin, conservateur de la Bibliothèque d'Art et d'Archéologie, amoureux d'art, cousin Pons très averti dans une époque qui confond trop facilement le prix d'une œuvre d'art avec sa valeur spirituelle.

Les vitrines de M. Louis Barthou, de M. Édouard Champion, de l'Université de Paris (legs Jacques Doucet), les prêts de M. Maurice Monda, de M. Messein apportaient à l'exposition des pièces suffisamment nombreuses et substantielles; mais, des portraits dessinés de la jeunesse, aux photographies de la vieillesse, du faire-part du mariage paternel, au faire-part de la mort du pauvre Lélian, en passant par le livret militaire, les lettres illustrées écrites de Londres et d'ailleurs, les livres de la bibliothèque personnelle de Verlaine, bien des reliques nous ont été confiées qui ont ajouté à l'éclat et à la signification de notre trésor éphémère. Nous avons à remercier encore Mmes Segond-Weber, Anquetin, Ronald Davis, M. le sénateur Lucien-Hubert, MM. Lévy-Danon, Maxime Piha, Crommelynck, Kim, Latombe, Canqueteau, Lefèvre, Sylvestre, Jouvin et Lamberty ainsi que nos confrères Bérès, Blaizot, Georges Crès, Le Garrec, Piazza, Paul Prouté et Vollard.

... Si l'ombre d'Anatole France revenait aujourd'hui à la Galerie Pelletan, elle y serait accueillie par l'ombre de Choulette. Ce personnage du Lys Rouge, ce poète bohème, catholique par accès, naïvement crapuleux et pareil à un satyre converti, on nous a dit qu'il n'était pas directement inspiré par Verlaine. Cependant, deux générations ou trois, — car on ne sait plus où commence une génération et où elle finit, — ont vu et voulu voir le pauvre Lélian dans le pauvre Choulette, et la légende, quand elle dure, devient une vérité.

... Le jeune Verlaine, le Verlaine d'avant l'amour et le malheur, le fiancé de la Bonne Chanson, le monsieur coiffé d'un étrange « haut de forme », le

commensal du salon de Nina, le Verlaine travesti en « Duc César » et dessiné par Henri Cros, voilà des figures inédites. Plus curieux encore, pour les fervents de Verlaine, ces portraits de famille, tellement inattendus. Le père, honnête officier, sagement peint à l'huile par un artiste sans génie, porte des blessures béantes.....

... Plus loin, une photographie agrandie de dame confortable et mûrissante nous fait songer à quelque caissière bien assise, sérieuse, qui fut jolie et garde de beaux yeux... C'est pourtant l'ex-jeune fille

...... en robe grise et verte avec des ruches,

c'est l'épousée du « clair jour d'été », c'est l'amoureuse qui reçut l'offrande « des fruits, des feuilles et des branches » et qui connut le redoutable honneur d'être élue par le moins mariable des hommes. Elle n'était pas de la race féminine qui accepte tout et partage tout. Elle n'était pas née rédemptrice. C'était une tranquille demoiselle, une bourgeoise sensée, toute surprise d'avoir été promue la Béatrice d'un Dante qui s'égarait en d'étranges enfers. Et voici, près d'elle, son fils, infortuné garçon sans gloire, de son vivant employé du Métropolitain. Qu'il a l'air triste, avec ses pendantes moustaches! Son portrait semble sortir de cette galerie fameuse que Courteline composa avec les « peintres du dimanche ».

L'une des grâces de cette émouvante exposition, c'est la statuette en cire colorée de Nina de Callias, délicat chef-d'œuvre d'Henry Cros. Statuette? Bas-relief plutôt, d'une élégance exquise, petite tête de profil, lourd chignon, longue robe à taille un peu courte, collante au buste, évasée et traînante autour des jambes, selon le style des modèles de Manet.

Portraits, caricatures, manuscrits, lettres, éditions rares, quelle merveilleuse collection, sortie de dix collections célèbres, pour le plaisir de notre rêverie...

Posséder une bibliothèque littéraire, composer ce jardin de l'esprit, est-ce donc un plaisir de riche? Beaucoup de ceux qui se penchaient sur les livres admirables que les grands amateurs ont envoyés à l'exposition Verlaine, éprouvaient sans doute un peu de jalousie mêlée à de la reconnaissance. Ils songeaient à leur bibliothèque modeste, aux quelques livres anciens, aux quelques éditions originales qui en sont l'orgueil... Ils voyaient en imagination, — car tout collectionneur est un peu une Perrette, — les rayons, dans le placard, se transformer en un beau meuble et les brochages en maroquins. Puis le meuble croissait, proliférait. Il poussait ses étages, il étendait ses annexes. Le maroquin se fleurissait d'ors et de couleurs délicates. Une pièce de l'appartement ne suffisait plus. Les livres envahissaient tout. Les manuscrits débordaient les tiroirs. Les fiches remplissaient les fichiers par dizaines. Le maître du lieu, doucement accablé par cette masse et le cœur tremblant d'amour, la considérait. Il était Sardanapale dans son harem, César le jour de son triomphe, Napoléon à Aus-

terlitz, le cousin Pons dans son musée, don Juan dans les bras de la mille quatrième maîtresse. Car les amoureux des livres ont des âmes de conquérants.

Mais le rêveur se réveillait vite. Il redescendait l'escalier féerique construit par ses désirs. Il rentrait dans sa peau. Adieu, splendides ouvrages, lettres, manuscrits, peintures, trésors ! La peine de ne pas vous posséder est consolée par la joie de vous avoir vus, et puis, même dans un volume fatigué et sali, Verlaine reste Verlaine.

Marcelle Tinayre.

L'Européen, 9 décembre 1932.

Autour de ces visages de bourgeois moyens, se pressent les crânes de Verlaine, ces crânes répétés, ces crânes globuleux et si blanchâtres qu'on les croirait tendus d'une peau déjà morte, forment un leit-motiv hallucinant. On ne voit plus qu'eux ; ils dominent les photographies, les dessins, les peintures, les plâtres, comme ils ont figé la rétine des divers artistes qui prirent Verlaine pour modèle.

Quels sont ces artistes ? Fantin-Latour, Carrière, La Gandara, Valloton, Pearon, Henri Cros, Anquetin, Ladislas Loewy, Aman-Jean, Steinlen, Régamey, Rodo, Perrichon et surtout Cazals. Cazals qui l'a croqué à chaque instant et qui semble n'avoir eu d'autre destinée que celle d'énumérer les diverses attitudes du pauvre Lélian. Mise à part la toile de Valloton qui a ressuscité un Verlaine penseur après avoir saisi d'ailleurs tout ce qu'il y avait de famélique en lui de son vivant, un esprit bohème se dégage de toutes les effigies réalistes et sans grandeur du pensionnaire de Broussais et même des photographies où celui-ci portait son fameux pardessus de candidat à l'Académie.

Sur son lit de mort, vu par Émile Cohl ou moulé par Méoni, Verlaine reste en désordre et sans paix, et son crâne accable sa barbe en broussaille.

Et peut-être une telle antinomie n'a jamais autant saisi que dans cette très curieuse exposition où nous regrettons de passer si vite.

Gaston Poulain.

Comœdia, 6 décembre 1932.

L'autre manie des anniversaires en chiffres ronds va faire supposer qu'il s'agit de quelque centenaire ou cinquantenaire, ou du rappel, tout au moins, de quelque date insigne. Mais non. Celui que l'Académie de l'autre siècle tint pour le plus grand ivrogne de lettres, après François Villon, n'aurait encore que quatre-vingt-huit ans s'il n'avait tant bu et tant souffert, et le 8 janvier de l'an prochain ne sera que le trente-septième anniversaire de sa mort.

Néanmoins, entre deux chiffres si peu ronds, M. René Helleu n'a pas hésité

(Voir suite page 29.)

à réunir tout ce qu'il a pu trouver de souvenirs, de reliques et de témoignages — portraits, manuscrits, livres originaux, lettres, etc…, etc. — sur celui qui fut le plus malheureux et le plus authentique des poètes modernes, après Baudelaire.

.   .   .   .

Le vrai Verlaine, le Verlaine intérieur, peut-être dans une si nombreuse iconographie, ne le verra-t-on que dans le portrait d'Eugène Carrière, présenté ici en lithographie originale. Peut-être aussi le trouvera-t-on dans ce simple dessin de Cazals fervent verlainien, qui le représente chez lui, fumant la pipe, sur son lit, content d'avoir quitté l'hôpital où sa jambe infirme n'avait point guéri. Pauvre satisfaction que le pauvre Lélian a exprimée de sa main, sur le dessin même, en ce quatrain : L'hôpital chez soi !

> Plus d'infirmière, d'infirmier,
> Je suis un malade modèle
> Qui fume à l'aise sa Gambier
> Et ma jambe reste fidèle !

Il devait tirer la jambe encore près de deux ans avant d'aller, dans un corbillard de cinquième classe, faire un mort modèle au cimetière des Batignolles. Mort glorieux, que M. Combes, alors ministre de l'Instruction publique, fit accompagner par M. Wels, son chef de cabinet. Les cordons du poêle étaient tenus par François Coppée, Catulle Mendès, Edmond Lepelletier, le comte de Montesquiou-Fezensac et Stéphane Mallarmé. Pour un pochard qu'on insultait boulevard Saint-Michel, ce cortège n'était pas si mal et plus d'un académicien sobre et prude en voudrait un pareil aujourd'hui.

Noël SABORD.

Paris-Midi, 5 décembre 1932.

… J'ai longtemps rêvé devant ces portraits, ces images, ces livres, ces lettres que Verlaine écrivit de son écriture d'enfant (souvent c'était de l'hôpital). Une poésie infiniment douce et mélancolique s'échappe de ces vivantes reliques. Je songe au mot prophétique de François Coppée sur la tombe de ce « pauvre et glorieux poète qui, pareil au feuillage, a plus souvent gémi que chanté ». « L'œuvre de Paul Verlaine vivra, se contenta-t-il d'affirmer. Ici, aujourd'hui, elle vit intensément. »

Roger GIRON.

La Liberté, 10 décembre 1932.

Après Moréas, Verlaine. Cette génération, avec le recul du temps, connaît de légitimes revanches et reçoit des hommages qui eussent bien étonné les contemporains.

Le pauvre Lélian, en particulier, ne se serait pas douté du respect qui entoure cette exposition...

Y. D.

L'Intransigeant, 3 décembre 1932.

Fénelon faisait grand cas de la poésie, « plus sérieuse et plus utile que le vulgaire ne le croit ».

Ne rougissez donc point, bonnes gens, j'entends les gens sérieux, les utili-taires, de prendre plaisir au chant de la Poésie, voire d'honorer, et les poètes d'aujourd'hui (il en est encore et même de grands ou d'exquis, mais peu) et la mémoire des poètes expirés.

C'est ainsi que l'ombre de Fénelon peut (à l'abri du paradoxe) nous guider vers l'exposition des œuvres de Verlaine, ouverte en une galerie célèbre du boulevard Saint-Germain.

. . . .

Fénelon demandait déjà à la poésie de se libérer des lois rigoureuses de la versification. Il voulait un poète « qui se mette comme de plain-pied en conver-sation avec lui », il redoutait l'esprit, le bel esprit, il réclamait des grâces simples « le sentiment le plus vif qui fait la perfection réelle ».

> « Que ton vers soit la bonne aventure
> « Éparse au vent crispé du matin
> « Qui va fleurant la menthe et le thym!... »

R. de MARMANDE.

Ère Nouvelle, 9 décembre 1932.

Parmi tant d'énigmes que nous proposent l'œuvre et la vie de Verlaine, il en est une qui m'a souvent fait songer : l'élégance de ses vers comparée à la grossiè-reté ordinaire de son existence, au débraillé physique et moral de ses mœurs.

La prison, les estaminets de campagne et les bistrots parisiens, l'hôpital et les garnis des plus sales rues du quartier Latin, l'ivresse publique, les coups échangés avec les gueuses, comment, de tout cela, pouvait-il s'exhaler une mu-sique légère et savante, un art aux contours subtils dont les lignes sont toujours tracées en finesse, jetées avec désinvolture, imprégnées de la plus parfaite dis-tinction?

> « Elle voulut aller sur les flots de la mer,
> « Et, comme un vent bénin soufflait une embellie,
> « Nous nous prêtâmes tous à sa belle folie
> « Et nous voilà marchant par le chemin amer. »

Et certes, l'exposition qu'avait organisée dernièrement la librairie Pelletan, boulevard Saint-Germain, eût été faite pour accentuer en nous la tristesse qu'y cause ce contraste entre une œuvre et une vie, si une simple remarque, la remarque d'un détail dans tous les portraits réunis sur les murs ou dans les vitrines, n'eût éclairé nos réflexions d'un trait de lumière.

Or, il est remarquable qu'aucun de ces documents ne nous offre de lui une image vile, ni même avilie, encore moins une image vulgaire. Mises à part deux toiles grossièrement barbouillées dont on ne sait si on peut faire état, les portraits les plus sévères sont sans doute ceux qui le représentent à quarante-cinq ans environ, correctement revêtu d'une redingote, ou bien le tableau d'Aman Jean — sur lequel il ressemble tellement à M. Raymond Poincaré.

Aussi bien, est-il un document dont le témoignage, plus affirmatif et plus émouvant que celui de tous les autres, pourrait suffire à nous rappeler que chez Verlaine le poète et l'homme étaient bien un même être portant les mêmes aspirations. Ce document, c'est sa photographie en collégien. Le corps droit, la tête haute, bien pris dans sa tunique à boutons dorés, il a ici l'allure assurée d'un jeune prince. Il regarde l'avenir, et sans doute, s'y voit, marchant dans une apothéose.

Il se trompait. L'apothéose pour lui ne vint qu'après la mort. Pourtant, sa vie durant, il garda toujours quelque chose de la fierté et de la native noblesse de ce collégien. Gentleman, il le fut dans son art, faute de pouvoir l'être dans cette société, dont il avait, disait-il, « contristé le vœu têtu ».

Autant qu'il ait pu déchoir, tout resta toujours élégance dans l'âme de celui qui chantait :

> « Le calme clair de lune triste et beau
> « Qui fait rêver les oiseaux dans les arbres
> « Et sangloter d'extase les jets d'eau,
> « Les grands jets d'eau sveltes parmi les marbres. »

Jean GALLOTI : L'élégance de Verlaine.

L'Art Vivant, février 1933.

C'est aux confins du quartier Latin, 125, boulevard Saint-Germain, qu'on a pu admirer le mois dernier la collection la plus importante qui ait été réunie jusqu'ici de manuscrits, d'éditions originales et de luxe, de portraits, de photos et de souvenirs se rapportant au pauvre Lélian.

Qu'il est émouvant ce pèlerinage verlainien dans cette galerie d'art aux parois couvertes de dessins et de tableaux !

On connaît les caricatures gauches, tourmentées et accompagnées de copieuses légendes que Verlaine a tracées tout au long de son existence orageuse. Les plus amusantes étaient rassemblées là, formant un commentaire biographique du plus vif intérêt.

Aucun portrait du poète n'était oublié dans cette exposition. Après ceux, devenus classiques et dus au pinceau d'Eugène Carrière, d'Aman-Jean, d'Antoine de la Gandara, de Félix Valloton, sans oublier le célèbre « coin de table » de Fantin-Latour où l'on voit aussi Rimbaud accoudé et morose, — on en trouvait de moins connus, entre autres, un admirable pastel de Gilbert appartenant à Mme Segond-Weber et représentant Verlaine sur son déclin, son crâne bosselé et socratique couronné de cheveux blancs. C'était ensuite toute une série de dessins bien vivants et bien drôles exécutés par un ami des derniers jours du « poète maudit », F.-A. Cazals, notamment ceux qu'il prit de celui-ci à l'hôpital et cette affiche d'une intense vérité où l'on voit Moréas en gandin et Verlaine sarcastique en train d'examiner attentivement les toiles d'un Salon de peinture. Il y avait aussi quelques photographies précieuses et inédites qui nous font pénétrer plus avant dans l'intimité de Verlaine. Le voici sur les banquettes de cuir du café François Ier ou du Mahieu qu'il appelait volontiers son « chez soi », somnolent auprès de son éternelle absinthe. Ailleurs, coiffé d'une calotte et pareil à un vieux clerc de notaire, il est occupé à corriger des épreuves. Toute la fin de cette lamentable destinée tient dans ces quelques images.

... A l'autre bout de la salle, c'est l'agrandissement d'une photographie de l'ex-femme de Verlaine, dans sa quarantième année. Cette femme qui devait se remarier après son divorce, au grand désespoir de son premier époux, apparaît comme une forte matrone, sans rien d'éthéré ni d'élégiaque, mais d'un charme plutôt vulgaire et sensuel :

> O grasse en des jerseys de poult-de-soie
> ... Coquine détestable.

s'écrie avec mépris l'auteur de Parallèlement *après avoir vingt ans auparavant, exalté avec tant de ferveur amoureuse dans la* Bonne Chanson *celle qui allait devenir bientôt sa fiancée « la petite fée », la délicieuse jeune fille*

> « En robe grise et verte, avec des ruches. »

telle qu'elle lui apparut « un jour de juin ».

L'on sait que Mme Verlaine était la sœur utérine du compositeur Charles de Sivry, mais jusqu'ici l'on ignorait le curieux détail suivant : ce fut leur mère, Mme Mauté de Fleurville, qui suscita la vocation musicale de Claude Debussy et lui donna ses premières leçons de piano. Singulier hasard que celui-là : Debussy élève de l'irascible belle-mère de Verlaine, Debussy qui devait composer plus tard une musique si originale et si fluide pour plusieurs des poèmes de celui-ci, en particulier Green *et* Mandoline.

Ces mélodies d'un charme pénétrant sur des vers de Verlaine, Mᵐᵉ Hérault Harlé, cantatrice à la voix d'une infinie pureté, les interpréta admirablement dans la salle d'exposition, vers la fin d'un après-midi du mois dernier avec une intéressante causerie du musicographe José Bruyr sur les poèmes verlainiens mis en musique par divers compositeurs.

Il pleuvait sur la ville et cela formait un accompagnement en sourdine aux chansons fines, ailées et nostalgiques : Écoutez la Chanson bien douce, *de* Canal ; L'heure exquise ; D'une prison, *de Raynaldo Hahn ;* Clair de lune et Spleen, *de Gabriel Fauré.*

Mᵐᵉ Hérault Harlé modula aussi Chanson d'Automne, *du maître Gustave Charpentier qui était présent, tandis que les vers ironiques, trop ironiques vraiment, de Paul Claudel, revenaient à notre mémoire :*

> Donc célébrons d'une seule voix Verlaine, maintenant qu'on
>   nous a dit qu'il est mort.
> C'était la seule chose qui lui manquait et, ce qu'il y a de plus fort,
> C'est que nous comprenons tous ses vers maintenant que
>   nos demoiselles nous les chantent avec la musique
> Que de grands compositeurs y ont mise et toutes sortes
>   d'accompagnements séraphiques.

Il faudrait encore parler de tant d'autres souvenirs verlainiens et des premières éditions ornées de précieuses dédicaces réunies là, comme aussi des éditions de luxe abondantes en gravures et en bois d'artistes contemporains réputés, notamment de notre compatriote Carlègle. Parmi ces éditions, celles que M. Helleu a élaborées avec un sens exquis de l'harmonie à établir entre une œuvre et sa présentation typographique et avec un amour profond de son métier, ou plutôt de son art, ne sont pas les moins belles et les moins riches.

· · · · · · · · · · · · · · · · ·

R. D.

La Suisse libérale de Neufchâtel, 8 mars 1933.

Voici, publié dans les Annales, sous forme de fac-similé photographique et commenté par M. A. t'Serstevens un document d'une tout autre nature. C'est une fiche d'écrou et une page du registre de « comptabilité morale » conservé à la prison de Mons et que M. t'Serstevens décrit ainsi :

· · · · · · · · · · · · · · · · ·

Cette page offre dans la colonne « condition du détenu à sa sortie de prison » des commentaires psychologiques. Nous apprenons que l'instruction scolaire de Verlaine est supérieure, que sa masse de sortie était de cent trente-trois francs et neuf centimes. On lit en face de pratique religieuse : « religieuse dans les derniers mois ». En face de Caractère ce seul mot si vrai : « faible ». En face

de moralité : « assez bonne » ; de conduite : « régulière », et après Amende-
ment : « probable ». Rien ne me semble plus poignant que cette suite de pauvres
adjectifs désabusés.

Cruel et trop véridique document. On pourrait penser à l'épingler sur la der-
nière page de Sagesse. A quoi bon ? Ne suffit-il pas de savoir que le poète
habita quelque part, n'importe où, hors du monde, hors des prisons de pierre et
des prisons de chair, une demeure magnifique, un beau château de l'âme ; que
« le ciel était, par-dessus le toit » très haut, très loin, « si bleu, si calme » ?...

Maurice LEVAILLANT.

Figaro du 25 mars 1933.

Merci encore à Figaro, le Quotidien, Paris-Soir, Toute l'édition,
à la vivante revue ardennaise La Grive que dirige l'excellent
écrivain Jean-Paul Vaillant, qui ont consacré à Paul Verlaine
et à notre exposition de longs articles que nous ne pouvons
citer, faute de place.

L A seconde exposition, du 21 février au 11 mars, fut consa-
crée à Charles Guérin illustrateur et lithographe. Dédiée
aux seuls bibliophiles, elle fut ouverte par M. Louis
Barthou, de l'Académie française, président du Livre contem-
porain.

Ce fut pour l'artiste un grand succès dont nous nous réjouis-
sons, car c'est faire vraiment la part trop belle à l'esprit critique
du visiteur, que de placer sous ses yeux le travail de vingt-cinq
années, sans restriction ni tricherie ; que de lui permettre de connaître en une demi-heure ce qui coûta tant d'efforts, de recher-
ches, d'hésitations et de décisions. La variété et les qualités
solides du talent de Charles Guérin ont conquis ceux mêmes qui
avaient gardé des préventions.

Une suite d'études dessinées pour « Pan et la Syrinx » a retenu
l'attention de tant de visiteurs, que, malgré les inquiétudes d'une
époque de crise où dans le livre d'art la situation est plus dif-
ficile à liquider que dans la finance même, nous inscrirons sur
la liste de nos prochaines éditions le petit chef-d'œuvre de
Laforgue.

Nous souhaitons pour Charles Guérin une rétrospective de
ses portraits afin que les qualités de ce beau peintre, qui ne se
pétrifia jamais dans une « manière » commerciale, s'affirme aux
yeux de tous, comme vient de s'imposer aux bibliophiles sa
belle œuvre graphique.

Cette semaine est à l'honneur l'un des plus beaux peintres de ce temps,
M. Charles Guérin. *Presque dans le même instant, M. de Monzie va présider
le banquet où l'on fêtera sa rosette, et M. Louis Barthou, grand bibliophile,
inaugurera une exposition qui charmera les amis des livres. Car le peintre
Charles Guérin est aussi un lithographe et sans doute le plus raffiné de nos
illustrateurs :* Fêtes galantes, Princesse de Clèves, Fortunio, Manon
Lescaut, Elégies *de la tendre Marceline Desbordes-Valmore, toutes
ces œuvres exquises, un peu secrètes, ont trouvé en Guérin le plus subtil, le plus
mélodieux des interprètes.*

Raymond ESCHOLIER.

Le Journal, 22 février 1933.

Chez l'éditeur Pelletan, l'exposition des œuvres graphiques de Charles
Guérin, *vignettes principalement, enchante les délicats. Dans ses illustrations
pour les* Fêtes galantes, *la* Princesse de Clèves, *un* Caprice de Musset,
pour Longus, *pour* Dansons la trompeuse, *le plus joli des romans de Raymond Escholier, le célèbre peintre se montre un des plus singuliers lithographes
qu'il y ait eu...*

René BRÉCY.

L'Action Française, 18 mars 1933.

Les amis de Charles Guérin *viennent de se réunir ce jeudi en un banquet
pour fêter sa rosette. Les salons, les expositions, ont répandu le nom du
peintre. L'illustrateur est peut-être un peu moins connu. C'est donc une heureuse idée qu'a eue M. René Helleu de grouper à sa librairie les dessins et les
lithographies de Charles Guérin. Cette exposition aide à connaître l'artiste.
A certains égards, on pourrait même dire qu'elle le révèle.*

*Car, dans ses dessins et ses lithographies, il semble que Guérin s'abandonne
plus pleinement que dans sa peinture qui est pourtant de même sève et apporte
même saveur. Ici, rien ne maîtrise, n'entrave sa fantaisie. On croirait que
l'artiste, en travaillant pour le livre, a le sentiment que sa pensée ne saurait
être indiscrètement étudiée, derrière l'écran que forme pour elle le texte de
l'écrivain...*

Qu'il illuſtre Colette ou Raymond Escholier, qu'il s'attarde et muse dans les sentiers que lui ouvrent Voltaire, l'abbé Prévoſt ou Marceline Desbordes-Valmore, qu'il pare les lignes de Musset, de Verlaine ou de Laforgue, Charles Guérin reſte fidèle aux textes sans jamais cesser d'être lui-même et de se raconter...

Son dessin eſt un dessin de peintre qui s'exprime plus par des taches que par des lignes, qui a souci des valeurs et les met à bonne place. Les projets pour illuſtrer le Songe d'une nuit d'été *sont caractériſtiques à cet égard. Chacune de ces petites compositions eſt tracée en une seule couleur sur une trame jetée à la mine de plomb. Cependant ce n'eſt pas le qualificatif de monochrome qui vient à l'esprit lorsqu'on les contemple, tant elles sont chatoyantes, profondes en leur fantaisie, tant le rêve apparaît frémissant, proche de nous, presque mêlé à notre vie...*

RENÉ-JEAN.

Comœdia, 25 février 1933.

DISCOURS

DE M. DE MONZIE AU BANQUET CHARLES GUÉRIN

D'après Toute l'Édition, du 4 mars 1933.

... Des promotions pareilles, ce sont des promotions à succès. Ce n'eſt pas que je recherche le succès dans une pensée démagogique, mais il se trouve que, lorsque j'inscris comme officier de la Légion d'honneur un Guérin, je suis par avance certain qu'il eſt plébiscité et je ne me trompe pas.

De cela je pourrais être fier si je n'étais obligé de convenir que la vie m'a favorisé. En réalité, j'ai dans ma jeunesse connu les meilleurs, et, les ayant connus, il m'eſt donné aujourd'hui de promouvoir les meilleurs. Voilà ma très simple hiſtoire et comment je me trouve appelé, en ce moment, à fêter et à célébrer ce gentilhomme de la peinture qu'eſt Charles Guérin.

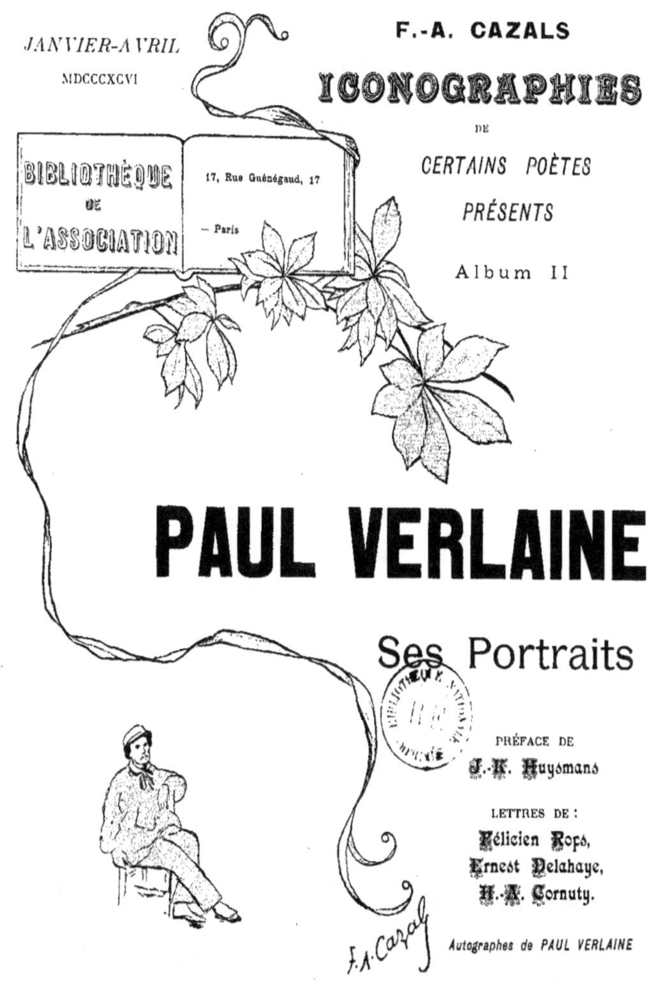

JANVIER-AVRIL
MDCCCXCVI

BIBLIOTHÈQUE
DE
L'ASSOCIATION

17, Rue Guénégaud, 17
— Paris

F.-A. CAZALS

ICONOGRAPHIES

DE

CERTAINS POÈTES

PRÉSENTS

Album II

PAUL VERLAINE

Ses Portraits

PRÉFACE DE
J.-K. Huysmans

LETTRES DE :
Félicien Rops,
Ernest Delahaye,
H.-A. Cornuty.

Autographes de PAUL VERLAINE

Paul Verlaine

SES PORTRAITS

F.-A. Cazals

ICONOGRAPHIES DE CERTAINS POÈTES PRÉSENTS

(Album II)

PAUL VERLAINE

Ses Portraits

Préface de

J.-K. Huysmans

Lettres de :

Félicien Rops

Ernest Delahaye

H.-A. Cornuty

Autographes de Paul Verlaine

PARIS

BIBLIOTHÈQUE DE L'ASSOCIATION

17, Rue Guénégaud, 17

Avril 1896.

PRÉFACE

par

J.-K. HUYSMANS

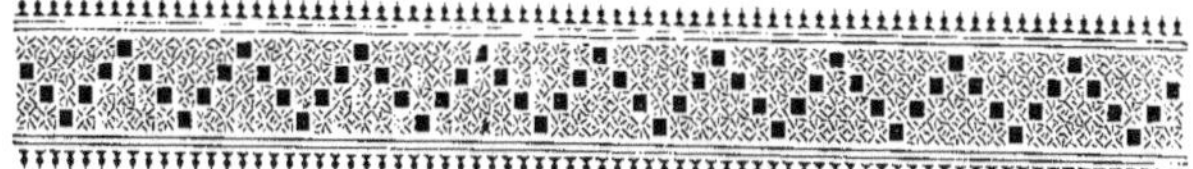

Mon cher Monsieur,

Parmi vos alertes et vivants portraits qui sont, en quelque sorte, les sites de physionomie fixés dans leur étonnante mobilité du Verlaine intime, il en est deux surtout qui, à des points de vue différents, me retiennent.

Et devant l'un qui me fait vraiment apprécier votre pouvoir de créer la vie en quelques traits, des souvenirs bien lointains pour moi, se lèvent.

Je revois Verlaine, tel que vous l'avez représenté, sur une banquette d'estaminet, la tête un peu renversée, les yeux clos. Il était, autant que je puis me le rappeler, rentré depuis peu

en France. Un ami commun, le bon Robert Caze, nous avait réunis dans son logement de la rue Rodier. Bien peu d'écrivains connaissaient alors « Sagesse », qui avait été si soigneusement enfouie dans le placard d'une librairie catholique. Ce fut, je crois bien, pour son auteur, un peu de légitime joie, lorsqu'il nous entendit, tous les deux, lui en parler avec une admiration qu'il sentait n'être point feinte, et il se débrida, sortit tout cet affectueux côté d'enfant et de brave homme qui était en lui.

Après le dîner, nous l'amenames à Villiers de l'Isle-Adam qu'il n'avait pas, depuis des années, revu ; et ce fut, à la brasserie Pousset, une série d'épanchements qui se terminèrent par le récit de ces extraordinaires histoires que Villiers, seul, savait conter. — Et je revois Verlaine, dans cette pose que vous avez si bien rendue, regardant de ses petits yeux qui se recueillent, l'ébullition de son ami, secouant d'un coup de tête, la mèche de ses cheveux, se reculant comme pour prendre du champ, puis levant les bras en l'air ou inclinant tout son buste sur la table qui les sépare.

A une nuance près, c'est bien le Verlaine de votre croquis ; vous l'avez fait néanmoins plus somnolent, peut-être, mais il n'écoutait pas Villiers, alors !

L'autre portrait, la tête du poète, à l'hôpital, se détachant sur une fenêtre dont les barres forment une croix derrière lui, évoque l'autre face de cette âme dimidiée, si pleine d'effusions

religieuses et si tendre; il me résume en quelque sorte le symbole
du Verlaine plus solitaire, du Verlaine mystique.

Et c'est, réellement, dans ce si simple arrangement que vous
sûtes trouver, toute la glorieuse effigie de l'écrivain que les
catholiques repoussèrent, alors qu'ils eussent dû remercier le Ciel de

leur avoir donné un souverain poète.
Quel pharisaïsme et quelle bêtise !

Dans votre série, ces deux portraits
de Verlaine me semblent représenter le
temps un peu nuageux et le temps
clair de ses saisons d'âme. Vos autres
dessins, relient ces deux-là, en leurs

différents épisodes si vivement saisis, de l'artiste morose,
presque inquiet, dans les rues de Londres, et du poète marchant
pensif ou regardant, appuyé sur sa canne, dans son costume
d'hôpital, le douloureux spectacle de ces écrasés de la vie qui
l'entourent.

Bien à vous, cher Monsieur,

J.-K. Huysmans.

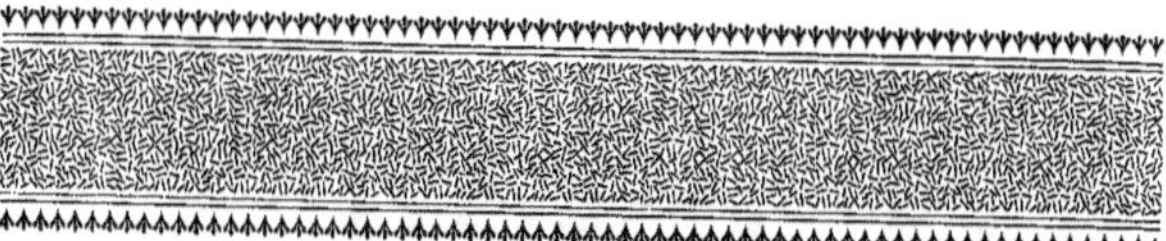

LETTRE

DE FÉLICIEN ROPS

Paris, le 9 février 1896.

Mon cher monsieur Cazals,

J'apprends que vous projetez de réunir, en un petit fascicule, nombre de croquis intimes, parmi lesquels vous allez évoquer pour ceux à qui elle fut chère, la bonne et douce physionomie de notre cher ami Verlaine. Je suis heureux que cette idée vous soit venue, peu d'artistes pourraient réunir les documents qui sont vôtres, et que la netteté de votre exécution actuelle fera tout à fait personnelle.

Il est regrettable pour tous, que ceux qui ont vécu dans l'intimité des Maîtres ne publient pas les documents qu'ils ont pu réunir dans cette communion de tous les jours, où chaque heure apporte son enseignement.

C'est à « Polœrlein » que jadis
Vivait un grand Poète.
N'ayant pas un maravédis
Il en était toujours en quête...

(*Le Rhum et eau du Troubadour*)
Chanson de F.-A. Cazals.

Paul Verlaine à Londres

Si des disciples zélés comme Jean Aurifer, Antoine Lauterbach ou Dietrich, qui ont recueilli les propos de table de Martin Luther, eussent été plus nombreux, nous possèderions des documents précieux sur ceux qui nous ont précédés.

Bonne chance et bons compliments.

FÉLICIEN ROPS.

à F.A. Cazals

Derniers jours de Juin 1893

Ils avaient escompté ma mort
Qui n'arrivait pas assez vite
O pour quel vil et sale effort
Ils avaient escompté ma mort,
Essayant de te salir, fort
De mon amitié, qui prit en fuite !
Ils avaient escompté ma mort
Qui n'arrive pas assy vite.

Même elle a fait faux-bond, ma mort,
A tel type à telle drôlesse
Près de mon lit, rués au bord
Même elle a fait faux-bond, ma mort
J'allais de tribord à bâbord
Mais je vis : écueil point qui blesse
Même elle a fait faux bond, ma mort
A tel type, à telle drôlesse.

Mon Cazals, tu sais qu'en dépit
De tout, je t'aime mieux qu'un frère ;
Cette amitié-là, sans dépit
Ni trêve ou crédit ou débit
Elle est au seur qui la fourbit
S'il le fait en armes de guerre
Mon Cazals, tu sais bien dépit
De tout, je t'aime mieux qu'un frère.

Paul Verlaine

Portrait inédit de Paul Verlaine
Hôpital Broussais, août 89.

LES VERLAINE

DE F.-A. CAZALS

Par ERNEST DELAHAYE

Verlaine à 15 ans.

Il est peu d'artistes qui aient reproduit exactement la physionomie si curieuse de Verlaine. La plupart sont pourtant des gens de beaucoup de talent. La raison de leur insuccès relatif est bien simple : ils ne l'ont pas assez connu. Même l'œil le plus exercé ne pourrait saisir en quelques séances ce type complexe et délicat. On voyait un crâne énorme et blanc du plus bel ivoire (M. Anatole France l'a vu cuivré, je ne sais pas pourquoi), des yeux qui semblaient sombres parce qu'ils étaient enfoncés sous d'épais sourcils — en réalité ils étaient très doux, — une forte moustache, une barbe hirsute, — et l'on nous faisait avec cela un sapeur plus ou moins ravagé, à la lippe farouche, à l'air dur, menaçant ou bravache. Les dames disaient : « Tiens, c'est Verlaine : il n'est pas beau ! » Et ça suffisait pour établir la ressemblance.

Verlaine n'a été fait vraiment bien que par F.-A. Cazals. Parce que Cazals l'a beaucoup connu, parce qu'il a été son ami, disons même son camarade. C'était rencontre heureuse pour

Verlaine — et pour nous — : n'étaient-ils pas tous deux de vrais gamins de Paris, — le plus vieux étant le plus jeune et le plus gavroche, d'ailleurs ?

Aussi, — je puis en répondre, moi qui connaissais le poète depuis 25 ans, — comme l'artiste a bien vu son Verlaine ! J'en demande pardon à Mme Cazals, mais il est vraiment regrettable que son mari n'ait pas vingt ans de plus : le public connaîtrait le Verlaine de 1870 à 1880, le Verlaine élancé, fin, nerveux, qui marchait en dansant sur ses pointes, et déjà si narquoisement grimacier ! Si nous n'avons pas celui-là, qui remua si fort, autrefois, le passage Choiseul, ni non plus celui dont le « caillou » plus net et plus brillant qu'une boule d'escalier, hypnotisait les potaches de Stickney, de Bournemouth et de Rethel, nous avons le Verlaine enfant adoptif du quartier latin, le Verlaine de *Mes Hôpitaux*, d'*Epigrammes* et de *Dédicaces*.

Verlaine à 25 ans.

Cazals, d'ailleurs, a évoqué le « Saturnien », le prédestiné aux drames et aux déchirantes tristesses, si tendre, pourtant, avec l'aveu de cette faiblesse innée, qui s'était décrit — et prédit — à ses presque premières années, dans la si jolie pièce : *Les Sanglots longs* (1), qu'il faut absolument citer tout entière.

Les sanglots longs
Des violons
De l'automne
Blessent mon cœur
D'une langueur
Monotone.

Fampoux, septembre 1869.

(1) Poèmes saturniens.

Portrait inachevé, 1888.

Tout suffoquant
Et blême, quand
Sonne l'heure,
Je me souviens
Des jours anciens,
Et je pleure :

Et je m'en vais
Au vent mauvais
Qui m'emporte,
De ci, de là,
Pareil à la
Feuille morte.

Mais il est allé à ce vent mauvais qui l'emportait, il est allé, loin, bien loin ! Le voici à Broussais, en bonnet de coton, debout devant la croix — un symboliste, ce Cazals — de la fenêtre aux blancs rideaux sévères, drapé, un peu à la zouave, — il aimait ça — dans une robe de chambre délabrée qu'il porte avec la majesté d'un empereur ; pour corriger cet air superbe, qu'il prenait parce qu'il le trouvait « si rigolo ! » la main droite, d'un geste expert, tient la bouffarde allumée, compagne fidèle. Mais ce que l'on ne peut dire, c'est la tête fière et joviale, railleuse et tendre, et la drôlerie délicieuse de l'œil à demi fermé, et qui brille, et nous annonce la bonne blague prête à sortir des grosses moustaches cosaques.

En voulez-vous un autre ? — Regardez ce paroissien qui dort si confortablement sur la banquette d'un café. Quel air d'innocence ! Un enfant dans son berceau. Dors, « pauvre Lélian » !

Mais il s'est réveillé, il est parti, solidement campé sur son bâton ; il pousse allègrement devant lui sa jambe « en stuc » ; vainqueur un instant de la paralysie stupide, il « envoie » le membre ingrat et perfide, avec l'air de dire : « Eh ! va donc !... »

Reproduction d'une lithographie inédite.

Puis le même, même allure, mais vu de dos. C'est celui-là, encore, qui est bien! mieux même, si possible, immortalisé d'ailleurs par ces vers de l'original :

> Grâce à toi je me vois de dos,
> Et bien plus vraisemblable ;
> Dans ton croquis, à pas lourdauds,
> Je m'en vais droit au diable.

Puis « Verlaine à Londres », coiffé du feutre légendaire, le cou entouré de ce foulard préventif — et pressentiment, hé- las ! — qui ne l'a pas préservé de la fatale bronchite, précau- tion habituelle non moins et vaine tout autant que le sucre candi — vous vous en souvenez, Morice, Moréas, — de cette si bonne et si jeune

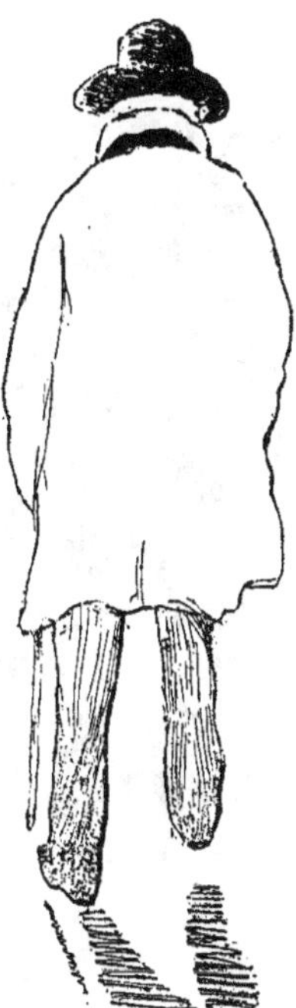

Mme Verlaine, mais passons. Il s'en va, moitié ron- chonnant, moitié gouailleur, guetté par l'œil « inté- ressé » du policeman, reconnaissant probablement tels coins de Soho, où jadis...

Mais où sont les « Ales » d'antan ?...

Le « Senate » a publié deux dessins de notre ami.

C'est d'abord Verlaine couché et lisant : la tête, un peu redressée, se porte en avant par un mouvement d'attention enfantine, combiné, de façon bien amusante, avec l'air grand papa dû aux lunettes sur le nez ; puis le poète sur son lit de mort, décoré du Christ et de fleurs qu'il aimait tant : le visage encore douloureux, mais paisible, a bien cet air de soumission résignée — si touchante ! — qu'il avait en son dernier sommeil. Je comprends que les Anglais aient été friands de ces deux belles œuvres, l'une fine et délicate au possible, l'autre d'un sentiment exquis.

N'oublions pas un autre Verlaine couché et écrivant : il se penche légèrement de côté, tout à sa besogne : quelque sonnet qu'il fignole avec un soin, un amour très finement exprimés.

Terminons par celui qui réfléchit — *il pensieroso* — le menton dans sa main, figure bon enfant et doucement triste, main nerveuse, jolie, petite pour un gaillard qui n'était pas petit, mais une main d'enfant, dam ! — Et même, (pourquoi pas ?) c'est une observation que je propose aux chiromanciens : ne serait-ce pas une indication, la main qui reste gamine ?

Et par celui de l'Affiche — si gaie ! — Verlaine et Moréas au *Salon des Cent.* Le premier (voir page 10) y « rigole » avec une joie dont on le *voit* secoué ; le second aussi est très bien, — sérieux, lui, un peu détaché de tout ce qui n'est pas « Lyre » : un air de curiosité plus bienveillante qu'enthousiaste.

Reproduction réduite d'un dessin du « Senate »

F. A. Cazals 9 Janvier
midi

Reproduction d'un croquis publié par « Jugend », février 1896.

Il faudrait parler encore de bien d'autres dessins, d'une merveilleuse observation, d'un rendu superbe, que j'ai vus dans l'atelier de Cazals : fusains, pastels, etc., et que l'on n'a pu — c'est vraiment dommage ! — reproduire dans cet album. Verlaine, peu avant de mourir, avait préparé une étude sur son portraitiste, étude destinée au « Senate », témoignage suprème — bien justifié — de vieille amitié pour l'homme, de sincère et consciencieux hommage à l'artiste. (1).

ERNEST DELAHAYE.

(1) Outre les portraits dont il est question ici, voir les nombreux croquis inédits illustrant le beau numéro de *la Plume* consacré au Poète.

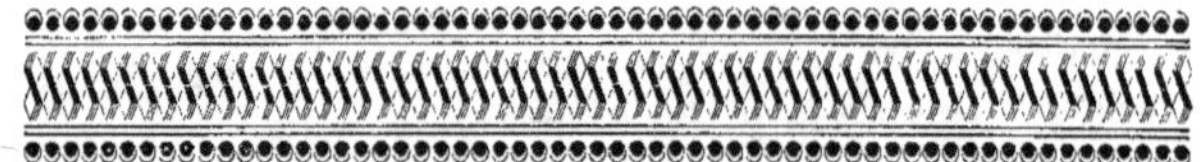

LETTRE DE M. H.-A. CORNUTY

Nous aimons tes dessins, malgré les errances du critique modéré et des jalousies de camarade. Ils racontent familièrement la Beauté de Verlaine. Sa vie - Bonté, Révolte — épandit les semences épanouies dans nos consciences, évolutives vers la Pureté.

Tes dessins, vénérés du Poète, sont grands de son admiration et de la nôtre, sûre de ta propre confiance en les successifs affirmatifs demains.

Envers ceux qui ne sentiront cet écrit : notre indifférence!

H.-A. CORNUTY.

2 mars 1896.

Paul Verlaine et Marie Krysinska
à l'hôpital Saint-Antoine

PARIS
IMPRIMERIE DES BEAUX-ARTS
5, RUE DES BEAUX-ARTS

| Gabriel Vicaire. | F. Clerget. | *Une Soirée chez Paul Verlaine. – 1889* |

Gabriel Vicaire.
Paul Verlaine.
Henri d'Argis.   Lefèvre.
Mᵐᵉ Rachilde.
Mˡˡᵉ Sophie Harlay.
A. Desvaux.
Jean Moréas.
Jules Tellier.
Paterne Berrichon.

F. Clerget.
Ary Renan
F.-A. Cazals.
Comte de Villiers de l'Isle-Adam.
Laurent Tailhade.

Une Soirée chez Paul Verlaine. – 1889

LES PORTRAITS DE PAUL VERLAINE

PAR

F.-A. CAZALS

Opinions des Journaux et Revues

Dans le grand nombre de Quotidiens et Revues Artistiques et Littéraires qui, depuis quelques années, ont fait connaître au public LES PORTRAITS DE PAUL VERLAINE, par F.-A. Cazals, nous avons dû choisir des fragments de quelques articles seulement, de ceux-là qui ont dit ou fait pressentir l'œuvre de respect de celui qui fut avant tout l'ami du poète.

L'Éditeur.

Le dessinateur Cazals a entrepris la publication d'une complète iconographie de Paul Verlaine, dont les collectionneurs feront bien de s'emparer dès maintenant. Charges ou croquis sont également intéressants.

La Bataille (Echos du lundi), 5 mai 1891.   C. de Sainte-Croix.

....Paul Verlaine n'a pas gardé de ses « Hôpitaux » un trop mauvais souvenir. Il a fini par goûter comme un bien « la stricte sécurité de ces lieux de douleur ». Il renonce volontiers à une liberté dont il a parfois mésusé, et se plie sans peine à la règle, parce que, comme le dit un quatrain qu'il a fait pour être mis sous son portrait (1) :

La misère et le mauvais œil,
Soit dit sans le calomnier,
Ont fait à ce monstre d'orgueil
Une âme de vieux prisonnier.

C'est à l'hôpital qu'il compose ses vers ; il ne travaille plus guère que là ; son imagination poétique et bizarre lui charme la grande salle froide et nue.

....Il y est visité par les esprits les plus brillants. M. Maurice Barrès s'excuse de ne pouvoir passer tous les dimanches à son chevet. Des jeunes gens enthousiastes viennent devant ce lit numéroté saluer leur maître. Les peintres font à l'envi des études et des croquis du poète. M. Cazals nous le montre en bonnet de coton, debout à la fenêtre haute et claire.

Le Temps, 15 novembre 1891.   Anatole France.

En tête de « Mes Hôpitaux », une étrange sanguine fait surgir une sorte de long galérien, en posture à la fois lasse et désinvolte, les traits mélancoliques, la face tirée par un sardonique sourire, la tête coiffée d'un bonnet d'hôpital. C'est Verlaine, et comme nous le reconnaissons bien sous le crayon de Cazals, tel qu'il ressort une fois encore, de ce livre navrant, frondeur, et le plus apitoyant qui soit !...

La Revue Générale (Bruxelles), février 1892.   Eugène Gilbert.

....M. Cazals nous sort du rêve : il ne peint, lui, ou plutôt ne dessine que des choses vraies, et, parmi les choses vraies, que le grand poète Paul Verlaine. Ce dessinateur nous montre le maître en toute sorte de costumes et de situations, et toujours avec une grande puissance et une intensité de vérité remarquable. A l'hôpital, chez lui, dehors, c'est toujours le masque original ; le visage de satyre pensif rend reconnaissable entre tous l'auteur de « Sagesse ».

Le Soir, 10 mai 1894,   Jacques Crévelier.

....Les portraits de M. Cazals, d'un spirituel réalisme, sont une des curiosités de l'Exposition. Il nous présente plusieurs pontifes de la jeune littérature, entre autres le poète-bohème, Verlaine, sous les aspects les plus variés — vu de face, de profil et de dos ; en promeneur, en pèlerin symbolique, en tenue d'hôpital ; au lit et lisant, à table et portant un toast...

La Gazette de France (Chronique générale), 11 mai 1894.

.... Verlaine est un chronique [d'hôpital infatigable, et Cazals, rénovateur mil huit cent trente, chansonnier disert et dessinateur avisé, ironiste en éveil et Parisien toujours, a fait de son illustre ami une série de croquis fort originale. La retraite du maître pour Cazals n'a pas de secrets. L'habit ne fait pas le moine, oh ! non. Ces croquis, ébauchés de bric et de broc, hâtifs, bâclés, incomplets, va-comme-je-te-pousse, ont des qualités énormes, pourtant.

Ils ont de l'émotion, une vie bien étrange qui leur vient on ne sait d'où, ni pourquoi, ni comment. Chaque dessin a son intimité vraie, son pouvoir de suggestion et une mélancolie, une âme persuasive. Le Poète est très beau en ces défroques de caserne. Cazals a des traits bohèmes absolus, très beaux aussi de vérité humaine, pour fixer Verlaine en ces tenues atroces, ridicules, qui resteront de lui et feront date à notre époque indigne et lâche envers l'art et son seul bohème de génie, égaré, oublié, Homère héroïque et simple et brave, toujours doux et bon au milieu des traîne-la-patte, des souffreteux, des malchanceux, des pauvres, des infirmes, ses voisins de salle, ses voisins à l'hôpital.

Cazals, au hasard des revues, a déjà publié de Verlaine plusieurs portraits. Nous les connaissons tous. Jamais il n'avait montré en une même fois autant de côtés divers de son maître vénéré. Ses croquis, dessins, esquisses, lithographies, sont très bien complétés par une superbe composition du huitième banquet de *la Plume*, où Verlaine rit, d'un rire formidable, unique, que savent et aiment ses familiers. Ce rire le défend et le venge contre tous ses contemporains.

La Paix Sociale, 21 mai 1894.   Clément Rochel.

.,.. Au III⁰ Salon des Cent, l'historien comprenait mieux notre goût de vérité fantaisiste et d'actualité pittoresque, devant « l'Invitation au Banquet », par F.-A. Cazals, où le faune Mallarmé s'adresse au priape Verlaine...

L'Ermitage, août 1894.   L. Raymond Bouyer.

De F.-A. Cazals, des Verlaine et encore des Verlaine : Verlaine au lit et fumant, Verlaine au lit et écrivant, Verlaine au Salon des Cent, examinant un Verlaine par Cazals sans doute : derrière lui, Moréas et son monocle et ses moustaches célèbres. Cazals est vraiment arrivé à la perfection dans

____

(1) Frontispice de « Mes Hôpitaux » — Voir *Préface*, J.-K. Huysmans.

ses croquis de l'auteur de « Sagesse ». Il est vrai de dire que si le nez de Balzac était un poëme, le crâne de Verlaine est une épopée. Il a des coins, des recoins, des bosses qui seraient ridicules chez tout autre, mais qui chez lui sont admirables ; il a une calvitie olympienne, par le poli et le dessin ; enfin, un crâne de forme inusitée, sculpté, dirait-on, par quelque artiste à visions étranges. Des sourcils en vol d'aigle, une barbe en partance pour les neiges, et, à travers tous ces replis et tous ces beaux détails de marbre, deux yeux voraces de sensations, rayonnants à l'entour, deux yeux perçants et terribles. Tel on rencontre Verlaine dans les ruelles, la nuit, ou aux terrasses à l'heure verte ; mais le Verlaine de Cazals est plus familier, moins imposant. C'est un peu la caricature du poète, une caricature vraie en ce sens que la vie de Verlaine est un peu la caricature triste de ce qu'elle devrait être.

Le Voltaire, 9 octobre 1894.
Jacques des Gachons.

C'est le bon dessinateur Cazals qui a crayonné, et même rehaussé de couleurs discrètes, l'affiche de l'Exposition des Cent. Deux poètes, Verlaine et Moréas, en font tous les frais. Cazals connaît à fond ses modèles. Ils sont tous les deux fort bien portraicturés, le premier avec son profil socratique et camard, le second avec son grand nez arqué de Palicare. Verlaine surtout paraît ravi, en regardant les tableaux exposés.

Le Rappel, 7 décembre 1894.
Le Passant.

....On s'arrête beaucoup, à l'Exposition du Champ de Mars, — *Centenaire de la Lithographie*, — devant les portraits, sous toutes les faces, de Verlaine, par F.-A. Cazals.

L'Intransigeant (Beaux-Arts), 1ᵉʳ octobre 1895.

Dans un salon de la rive gauche, on peut voir un curieux portrait de Paul Verlaine, signé F.-A. Cazals. Le poète est représenté au lit, fumant sa pipe. En un coin du tableau, ce quatrain du portraicturé :

Plus d'infirmière, d'infirmier,
Je suis un malade modèle
Qui fume à l'aise sa Gambier,
Et ma jambe reste fidèle.

Le tout porte ce titre pittoresque : *L'Hôpital chez soi* (1).

Le Gaulois (Echos), 18 octobre 1895.

Centenaire de la Lithographie. — Le président de la République s'arrête devant les Puvis, les Willette, les Steinlein ; les Carrière, devant les œuvres de M. Rœdel qui a fait un fort intéressant portrait de M. Félix Faure, et devant les Verlaine de M. F.-A. Cazals, que M. Poincaré a admiré particulièrement. Notons aussi que l'original d'une planche sur « la Vie de Bohème », par le même artiste, a été acheté par le roi Milan.

La France Nouvelle, 23 octobre 1895.
Garrulus.

L'art a souvent reproduit les traits socratiques de l'auteur des « Poèmes Saturniens ». Je me souviens notamment qu'à l'un des derniers Salons de *La Plume*, d'alertes croquis à l'aquarelle, de M. F.-A. Cazals, m'avaient profondément touché par leur accent de vérité. Ils représentaient le poète en tenue d' « hospitalisé », dans diverses attitudes, avec diverses expressions. L'un de ces dessins me parut particulièrement significatif. Verlaine lui-même y avait écrit, au bas de son portrait, un quatrain que nul ne lisait sans une sincère commisération (*L'Hôpital chez soi*, voir ci-dessus). N'est-ce pas là, résumée en quelques lignes, toute une vie endolorie, malgré le ton enjoué de cette boutade ?

Le Jour, 12 janvier 1896.
Firmin Javel.

Un comité d'organisation sera formé ces jours-ci, pour le monument de Paul Verlaine. Nul doute que cette souscription ne soit très vite couverte. Paul Verlaine était idolâtré par tous les jeunes artistes et écrivains. Il aura donc bientôt son buste, probablement dans le jardin du Luxembourg.

Les documents ne manqueront pas au sculpteur qui sera désigné. L'iconographe de Paul Verlaine, le dessinateur Cazals, a portraicturé l'auteur de « Sagesse » plus de cinquante fois, droit, assis, marchant, mangeant, fumant, dormant, au café, chez lui, à l'hôpital.

Le Jour, 16 janvier 1896.
Du Taillis.

M. F.-A. Cazals a remis hier matin à M. Combes, ministre de l'Instruction publique et des

____

(1) Acheté par le roi Milan, au Salon de la *Bibliothèque de l'Association*.

Beaux-Arts, la première épreuve du moulage qui fut exécuté, par ses soins, au lit de mort de Paul Verlaine.

Les autres épreuves seront offertes aux amis intimes du poète.

L'Echo de Paris, 29 février 1896 (Note reproduite par la presse).

....Maintenant, qu'il me soit permis d'attirer l'examen tout particulier sur les dessins de F.-A. Cazals, qui entrent pour une quantité si notable dans cette nomenclature (1) : ils sont de petits chefs-d'œuvre de vérité, d'affection, et de traduction linéaire. D'autres artistes ont pu vanter la structure plus académique de leur étude, aucun n'est arrivé à une aussi particulière expression de son sujet, et surtout à dégager, sous l'apparence souffreteuse, ankylosée, et même sous la mélancolie, l'inaltérable et toute gracieuse joie puérile qui était en lui.

(Suit l'exposé fidèle de l'œuvre de Cazals).

....Des croquis, des dessins inédits, sont entre les mains de M. F. Clerget pour une publication sur les « Portraits de Verlaine ». J'aurai à revenir prochainement sur les très curieuses études de Cazals, tant au point de vue de Verlaine qu'en ce qui touche les portraits qu'il a faits de la gent artistique contemporaine.

La Plume, février 1896.   LÉON MAILLARD.

'... Très remarquée et très applaudie, la série des portraits de Verlaine par Cazals. On sait que notre ami fut le compagnon dévoué du poète. Il prend un soin pieux de sa mémoire et ne néglige rien de ce qui peut glorifier le souvenir de Paul Verlaine.

La Renaissance, 28 février 1896.   TALLEMANT.

Très intéressante la livraison de mars des *Maîtres de l'Affiche*. C'est d'abord un très fidèle portrait de Paul Verlaine, qui figure au premier plan d'une affiche dessinée en 1894 par Cazals, son intime ami, pour une exposition du Salon des Cent. Cette reproduction, qui vient fort à propos, fera sensation parmi les admirateurs du poète.

Journaux divers, mars 1896.

(1) *Etude pour servir à l'Iconographie de Paul Verlaine.*